Coucou, je m'appelle Annie, et j'habite dans une petite maison avec ma Maman.

Hello, my name is Annie, I live in a little house with my mummy.

J'aime beaucoup
ma Maman.

I love my mummy
very much.

Mais, parfois,
j'aimerais avoir une
soeur ou un frère.

But sometimes
I wish I had a
sister or brother...

Un jour, j'ai trouvé un petit chaton roux dans le jardin. D'où venait-il?

One day I found a little ginger kitten in the garden. Where did he come from?

Il avait l'air blessé, donc nous l'avons emmené chez nous. Maman a appelé le vétérinaire.

He looked hurt so we took him home. Mummy called the vet.

Le vétérinaire a dit que sa patte avait besoin d'un bandage.

The vet said his paw needed a bandage.

Le chaton était tellement mignon! Nous l'avons appelé Bubble à cause de la tache ronde qu'il avait sur la poitrine.

The kitten was so cute. We named him Bubble because of the round spot he had on his chest.

J'ai pris grand soin de Bubble. Je lui ai donné des repas délicieux et sains.

I took great care of Bubble. I fed him delicious and healthy food.

Je l'ai gardé au chaud près du feu.

I kept him warm by the fire.

Et lui ai fait plein de câlins. C'était le meilleur chaton qui ait jamais existé.

And gave him lots of cuddles. He was the best kitten ever.

Une semaine plus tard, le véto est revenu pour retirer le bandage de Bubble. Il boitait un peu mais, à part ça, il allait bien.

A week later, the vet came back to remove Bubble's bandage. He limped a bit, but apart from that he was ok.

A partir de là, Bubble et moi sommes devenus meilleurs amis.

From then on Bubble and I became best friends.

On jouait dans le jardin.

We played in the garden.

On explorait le jardin.

We explored the garden.

On observait les nuages.

We watched the clouds.

On chantait dans la baignoire.

We sang in the bath.

On lisait des livres le soir.

We read books at night.

On dormait ensemble.

We slept together.

Un mois a passé. Un matin, quelque chose d'étrange est de nouveau arrivé. Une grande chatte rousse est apparue près du bouleau.

A month passed. One morning, something strange happened again. A big ginger cat appeared by the birch tree.

Elle a expliqué qu'elle était la Maman de Bubble.

She explained that she was Bubble's mummy.

Elle était arrivée par la porte magique dans l'arbre. Elle s'ouvre une fois par mois, quand la lune est ronde

She came through the magical door in the tree. It opens once a month when the moon is round.

Elle mène à Twinkle Farm¡ où ils habitent avec tous leurs amis.

It leads to Twinkle Farm where they live with all their friends.

Sa Maman a dû
attendre tout un
mois avant de le
récupérer. Mais
elle était heureuse
de voir que nous
prenions tellement
bien soin de lui.

His mummy had to
wait a whole
month before she
could get him
back. But she was
happy to see we
were taking such
great care of him.

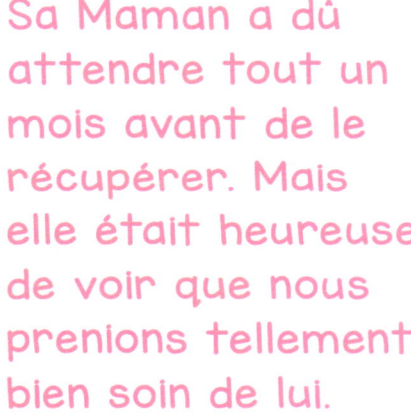

Elle nous a remerciés du fond du coeur d'avoir été si gentils avec Bubble. Nous avons dit que ça avait été un plaisir pour nous.

She thanked us from the bottom of her heart for being so nice to Bubble. We said it was our pleasure.

Puis il a été temps de dire au-revoir à Bubble...

Then it was time to say goodbye to Bubble...

Et ils sont repartis pour Twinkle Farm.

And off they went, back to Twinkle Farm.

Après son départ
j'étais tellement triste.

After he left
I was so sad.

Maman a essayé de me réconforter, mais ça n'a servi à rien. Je ne pouvais pas être heureuse sans Bubble.

Mummy tried to make me feel better, but it was no use. I just couldn't be happy without Bubble.

Un mois a passé. Un matin, alors que la lune était de nouveau ronde, on a trouvé un petit livre près de la porte magique.

A month passed. One morning, when the moon was round again, we found a little book by the magical door.

C'était Bubble! Il ne m'avait pas oubliée. A partir de là, il m'a écrit un livre chaque mois, et l'a déposé devant la porte magique.

It was Bubble! He never forgot about me. From then on, he wrote me a book every month and dropped it in front of the magical door.

On adore lire les livres de Bubble. Il me raconte sa vie avec ses amis à Twinkle Farm.

We love reading Bubble's books. He tells us about his life with his friends in Twinkle Farm.

Maintenant je sais que Bubble m'aime toujours Il m'écrit chaque mois pour que nous puissions être amis à tout jamais.

Now I know that Bubble still loves me. He writes to me every month so we can be friends forever.

Et quand je les lis juste avant de m'endormir, Bubble me retrouve dans mes rêves et m'emmène à Twinkle Farm pour jouer avec ses amis.

And when I read them right before falling asleep, Bubble meets me in my dreams and takes me to Twinkle Farm to play with his friends.

Cat
Chat

Donkey
Âne

Alpaca
Alpaga

Chick
Poussin

Monkey
Singe

Dog
Chien

Possum
Opossum

Elephant
Éléphant

Goat
Chèvre

Tree
Arbre

Flower
Fleur

Butterfly
Papillon

Bird
Oiseau

Eggs
Œufs

Mushroom
Champignon

Ladybird
Coccinelle

House
Maison

Fireplace
Cheminée

Lamp
Lampe

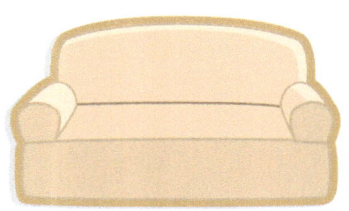

Couch
Canapé

Pillow
Coussin

Teddy Bear
Ours en peluche

Bath
Bain

Jouet
Toy

Table
Table

Cup
Tasse

Bowl
Bol

Plate
Assiette

Clock
Horloge

Book
Livre

Bag
Sac

Ball
Ballon

Rencontre tes nouveaux amis. Meet your new friends.

Bubble Cat

Matty Monkey

Charlie Chick

April Alpaca

Bouba & Boubette Dog

Paquita Possum

Donny Donkey

Gloria Goat

Ernest Elephant